C0-GBP-649

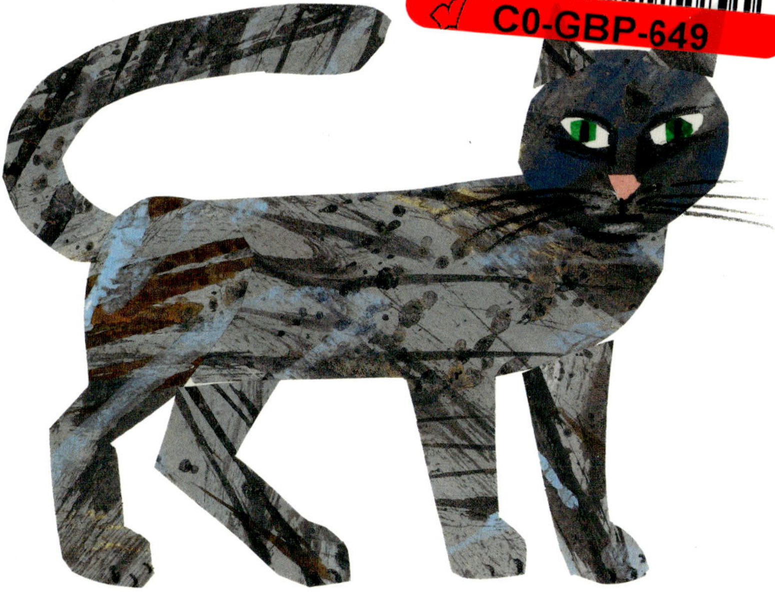

rooster

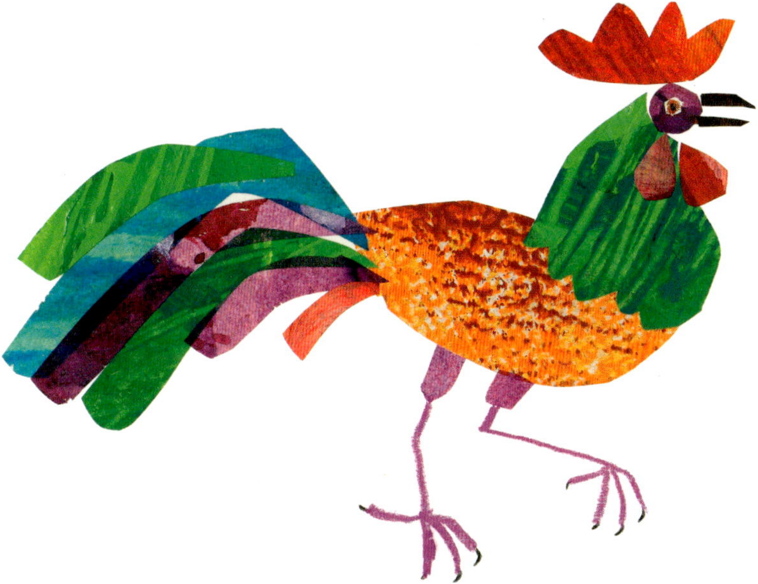

dog

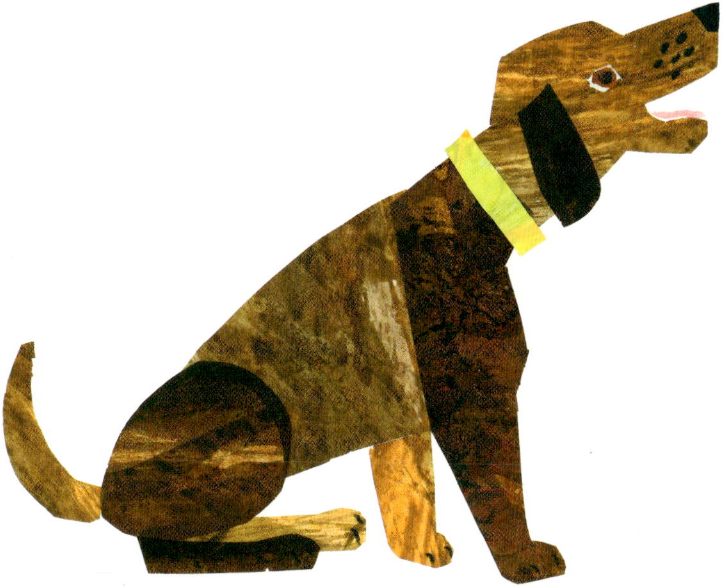

duck

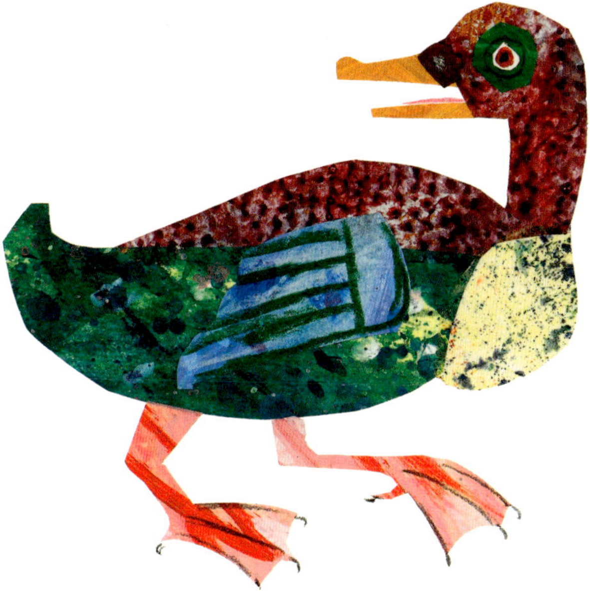

cow

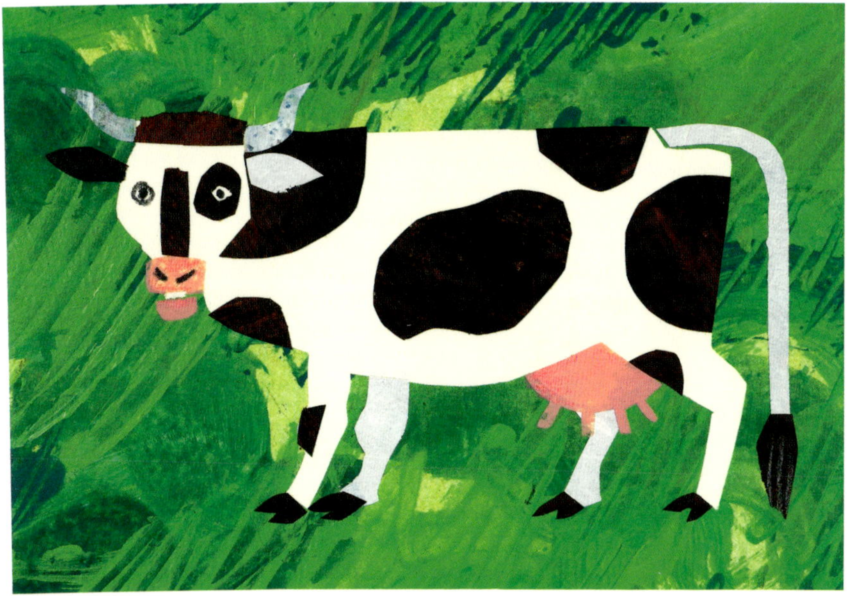

mouse

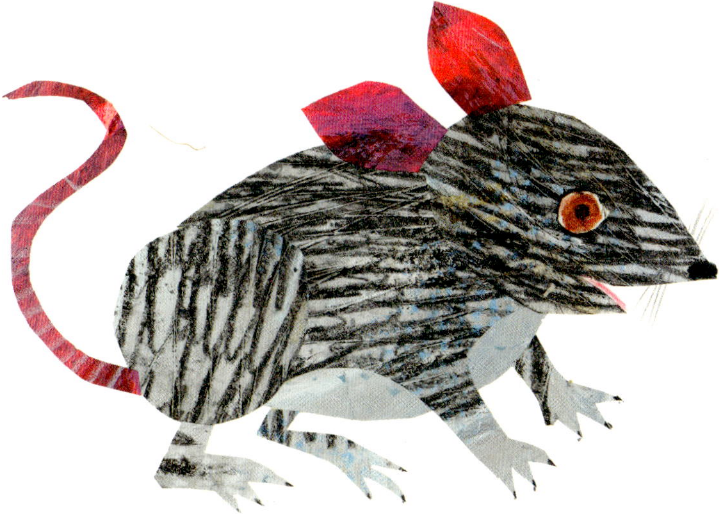

lion

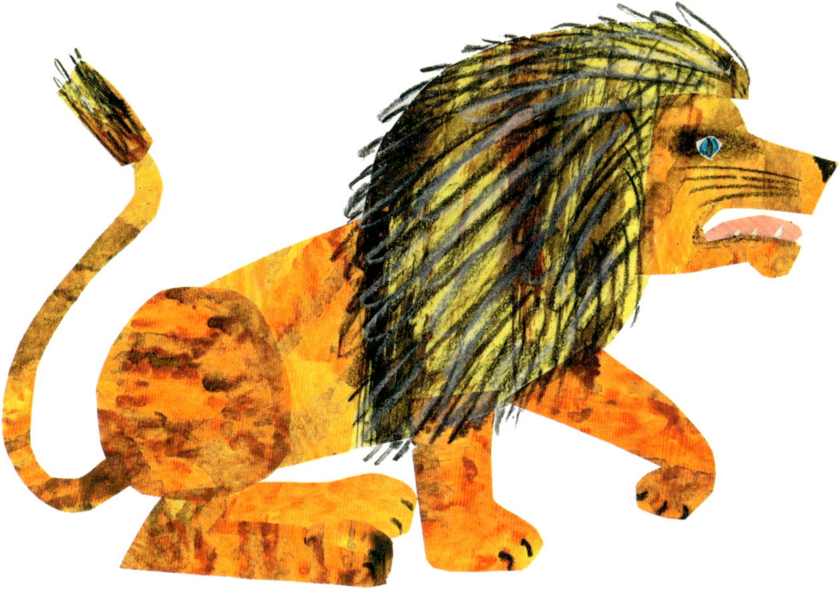

owl

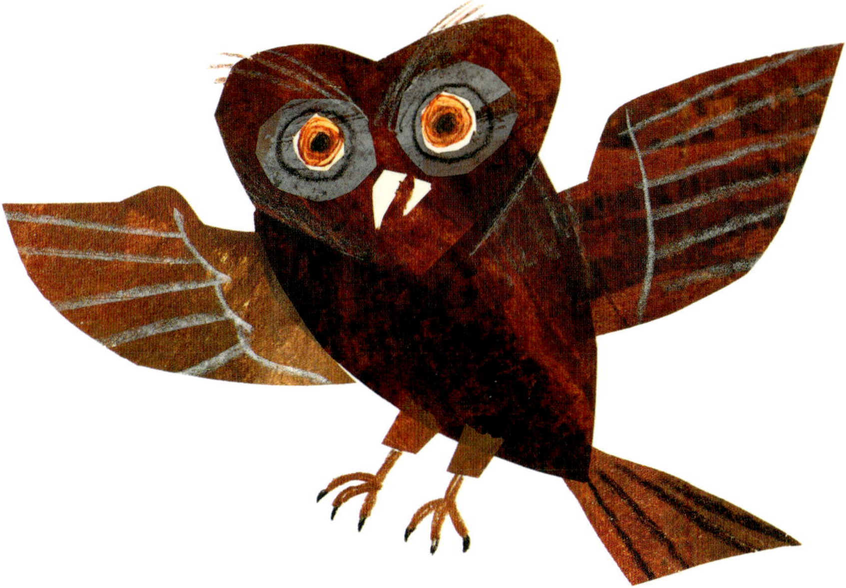

chicks

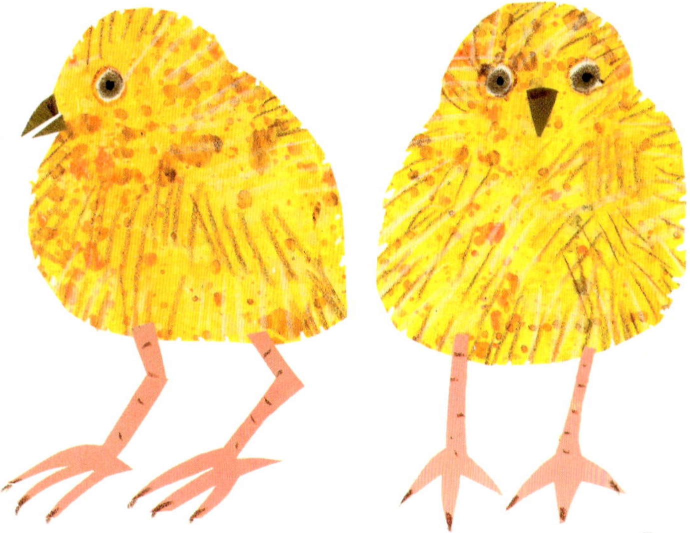

sheep

squeak

roar

meow

moo

hoot

quack

peep

crow

baa